JN091889

楽しくおぼえよう！

はじめての
手話と点字

耳と目の
障害を知ろう

監修 東京都聴覚障害者連盟
日本点字図書館

はじめに

　想像してみてください。もしも目が見えなかったら、どうやって本に書かれた文字を読みますか？　思ったことやだれかに伝えたいことを、どうやって紙に書きしるしますか？

　また、もしも耳が聞こえなかったら、どうやって人の話を聞きますか？　自分の耳で、自分の声を聞くことができなかったら、人に言葉をまちがえずに伝えることができますか？

　手話は、耳に障害がある人の言葉として、点字は、目に障害がある人の文字として生まれました。耳や目に障害があると、言葉や文字の使いかた以外にも、さまざまなことが少しずつことなります。

　手話や点字について興味をもったら、この本で、耳に障害がある人や、目に障害がある人のことをよく知ってみてください。そして、耳や目の不自由な人たちのくらしを知って、わたしたちにできることについて、ぜひ考えてみてください。

もくじ

耳のはたらき、目のはたらき

―「五感」について知ろう―

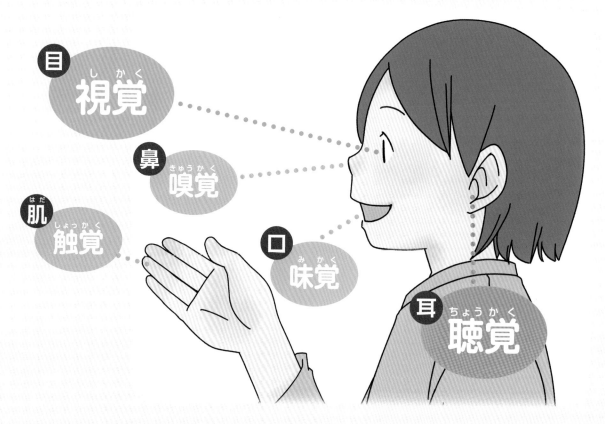

目 視覚（しかく）

鼻 嗅覚（きゅうかく）

肌 触覚（しょっかく）

口 味覚（みかく）

耳 聴覚（ちょうかく）

　わたしたちは、5つの感覚「五感」を使って、身のまわりにあるものをとらえています。目を使って見ることを「視覚」、耳を使って聞くことを「聴覚」、鼻を使ってにおいをかぐことを「嗅覚」、舌を使って味を感じることを「味覚」、手や足など、肌でふれて感じることを「触覚」といいます。

　わたしたちは、この五感を日常的に使って生活をしています。

　この本では、「視覚」に障害がある人、「聴覚」に障害がある人について、わかりやすく伝えていきます。

第1章

だい しょう

耳の障害を知ろう

しょうがい

耳の不自由な人

耳が聞こえない人や、耳が聞こえにくい人のことを、耳の不自由な人とよぶことがあります。耳が不自由だということは、どのようなことなのでしょうか。耳が聞こえる人とくらべると、すごしかたにどのようなちがいがあるのでしょうか。

聴覚障害のある人

　耳が聞こえないことや、耳が聞こえにくいことを、「聴覚障害」といいます。聴覚障害のある人は、人の声や音がまったく聞こえなかったり、音は聞こえても言葉がとても聞きとりにくかったりします。

　耳が聞こえにくい場合、どのように聞こえているかは人によってことなります。音がゆがんで聞こえる人、高い音が聞こえない人、人の声が雑音のようにしか聞こえない人など、さまざまです。その日の体調やまわりの状況によって、聞こえかたがかわる人もいます。聴力をおぎなう補聴器を使うことで言葉が聞きとれる人もいれば、補聴器をつけても言葉の聞きとりがむずかしい人もいます。

　生まれつき耳が聞こえない人や、幼少のころに耳が聞こえなくなった人は、声でやりとりする言葉を耳でおぼえるのがむずかしく、自分でだした声をたしかめることもできません。そのため、声を使って話をすることが困難です。そのような人たちの多くは、手や指

手話をする人。手話は手や指、表情などを使って、気持ちやものごとを伝える。写真は、「あいさつ」という意味の手話。

補聴器は、耳にはいる音を大きくするなどして聴力をおぎなう機器。聴力が残っている難聴者がおもに使用する。

写真提供：リオネット補聴器

の動きを使って言葉をあらわす「手話」で話をします。

さまざまな聴覚障害

生まれつき耳が聞こえない人や、幼少のころに耳が聞こえなくなった人のことを「ろう者」とよびます。手話を自分たちの言葉として日常的に使っている人のことを、ろう者とよぶこともあります。

まったく聞こえないわけではないけれど、

ろう者
生まれつき耳が聞こえない人や、音声の言葉が使えるようになる以前から耳が聞こえない人。おもな会話方法として手話を使う人をさすこともある。

難聴者
耳が聞こえにくい人。補聴器などで聴力をおぎない、おもに声で話をする。

中途失聴者
音声の言葉を習得したあとに耳が聞こえなくなったり、聞こえにくくなったりした人。声で話すことはできるが、話を聞くときは筆談や手話などをもちいる。

耳が聞こえにくい人のことを「難聴者」とよびます。難聴者のなかには手話を使う人もいますが、どちらかといえば残っている聴力をいかして、声で会話をする人が多いようです。

生まれつき耳が聞こえなかったり聞こえにくかったりする原因には、遺伝（親から子に身体的特徴などがうけつがれること）などが考えられますが、はっきりした原因はわからないこともあります。

一方、もともとは耳が聞こえていて、声でやりとりする音声の言葉を使えるようになったあとで、病気や事故・加齢などが原因で聞こえなくなったり聞こえにくくなったりした人のことを「中途失聴者」とよびます。中途失聴者には、自分が話すときは声で話し、相手の言葉は紙に書いてもらうなどして、言葉のやりとりをする人が多いようです。なかには、手話を習得して使う人もいます。

見えない障害

耳の不自由な人は、外見だけでは耳が不自由であることがわかりません。そのため、耳が聞こえない人だと思われず、無視をしていると誤解されてしまうことがあります。

聴覚障害は、人と人との関係をきずくために重要な「言葉」に関する障害であることから、コミュニケーションの障害でもあるといわれます。聴覚障害について正しく知り、耳の不自由な人と適切な言葉のやりとりができるようになりましょう。

耳の不自由な人の生活

耳の不自由な人は、ふだん、どのように会話をしているのでしょうか。また、生活の中で、耳が不自由なことをどのようにおぎなっているのでしょうか。

耳の不自由な人の会話方法

耳の不自由な人の代表的なコミュニケーションの方法に、「手話」があります。手話は、手や指、顔の表情を使って、言葉を表現します。まわりの人と手話で話せる環境にある人は、自分の気持ちや考えを手話で伝えています。

手話は、自分の言葉をすぐに伝えられるので、多くの耳の不自由な人にとってもっとも伝えやすい手段ですが、耳が聞こえる人の多くは手話がわかりません。そのため、紙などに文字を書く「筆談」を使うこともあります。また、相手の口の動きを見て言葉を読みとり、声でこたえる口話法という方法もあります。近年では、スマートフォンやタブレット端末にある、会話を助ける機能を利用する人も多くなっています。

手話
手や指、表情などを使って話す。手話がわかる相手なら、自分の伝えたいことをすぐに伝えることができる。

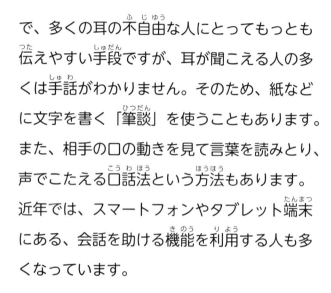

筆談
紙や筆談器（▶p.18）などに文字を書いて、相手に見せる。やりとりにやや時間がかかるが、手話がわからない人にも伝えることができる。

口話法
相手の口の形やくちびるの動きから言葉を読みとり（読話）、音声でこたえる（発話）方法。正確に読みとれないこともある。

スマートフォンやタブレット端末
声で話した言葉を文字にして画面に表示する機能がある。

わたしの名前は

わたしの名前は○○です

8

生活の中のさまざまなくふう

家の中には、チャイムやテレビなど、音声で情報を伝える機器がいろいろあります。音声で情報をえるのがむずかしい耳の不自由な人は、日常生活の中で、どのようなくふうをしているのでしょうか。

朝、目覚めるとき

振動式の目覚まし時計を使う。振動部を枕の下にいれておけば、設定した時刻にふるえておこしてくれる。

人と連絡をとるとき

ファックスやメール、ビデオ通話などを使う。とくにビデオ通話は、相手と手話を見ながら会話ができるので便利。音声のみの電話機は使うことができない。

来客を知らせるとき

玄関

室内

インターフォンがおされたことを光の点滅で知らせてくれる。

テレビを楽しむとき

News

○時になりました。
ニュースをお伝えします。

リモコンの字幕ボタンをおすと、字幕つき番組を見ることができる。ニュースや緊急放送などでは、音声にくわえて手話で情報を伝える番組もある。

外出先でこまったとき

わたしは耳や言葉が不自由です

おそれいりますがわたしのかわりに

電話をかけていただけますか？

わたしの名前
○○○○

相手の名前
○○○○

相手の電話番号
0XX-XX-00XX

緊急のとき、スマートフォンなどに用件の文章を表示させて、支援をもとめることがある。用件をしめしたカードを見せることもある。たのみたいことは、筆談などでやりとりする。

手話は目で見る言葉

手や指などを使う「手話」は、口で話して耳で聞く言葉とはちがいます。手話がどのようなものか、特徴や歴史を見てみましょう。

ろう者のあいだで育った言葉

手話は、ろう者のあいだで生まれ、発展してきた言葉です。言葉のならべかたは手話独自のもので、伝えたいことによってまゆやあごの動きもあわせるなど、手話特有の表現をします。手話は世界各国で使われていますが、表現のしかたは共通ではありません。それぞれの国がそれぞれの手話をもっています。

ろう者の使う手話は、表情や腕の動きがスムーズで、より手話らしい手話といえます。中途失聴者で手話を使う人は、音声の言葉になれているため、音声の言葉の語順に手話の単語をあわせて使うことが多いようです。

手話の特徴

手や指を使う

おもに手や指の形や動きで、さまざまな言葉をあらわす。五十音などを指であらわす「指文字」もあわせて使う。

指文字「あ」

手話「家」

地域や年齢、男女でことなる手話がある

地域によって表現がちがう手話がある。生まれた時代や、年齢や性別によってちがう手話もある。

手話「名前」		手話「テレビ」	
おもに関東地方	おもに関西地方	昔の手話	今の手話

表情や手の動かしかたも重要

顔の表情や手の動きの加減で、気持ちやものごとの程度をあらわす。たとえば、「うれしい」の手話では、手の動きに笑顔をくわえる。「とてもうれしい」では、手の動きを大きくしたり、動かす回数をふやしたり、笑顔を強調したりする。

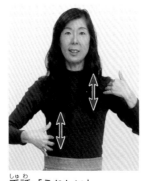

手話「うれしい」

※巻末に手話の例があります。

時代に対応した新しい手話が生まれる

言葉は人の心や社会をうつすので、時代の変化に応じて、新しい言葉が生まれることもある。手話でも同様で、時代に応じて新しい表現が生まれる。

手話「令和」

◆手話については、シリーズ別巻『手話 目で見る言葉』でくわしく解説しています。

手話の歴史

　手話は、ろう者のあいだで使われていた"身ぶり手ぶり"がもとになって発展してきたと考えられています。そして、手話が全国で共通して使われるようになったのには、耳の不自由な人がかよう「ろう学校」が設立されたことが大きくかかわっているといわれています。

　日本で最初のろう学校は、京都盲唖院（現在の京都府立聾学校）という名で、1878（明治11）年に京都で設立された、耳や目の不自由な子どものための学校でした。その後、東京や大阪など、各地でろう学校が設立されていきます。

　ろう学校での耳の不自由な子どもたち同士の交流や、教師たちの協力によって、"身ぶり手ぶり"をもとに、手話が言葉としてととのえられていきました。五十音をあらわす指文字（▶p.10）もろう学校でつくられ、子どもたちに文字や言葉を教えるために使われました。

　ろう学校が耳の不自由な人たちの集まる場所となり、そこで彼らの言葉である「手話」が育まれていったのです。

ろう学校にかよう子どもたち
〈東京都立立川ろう学校〉

　ろう学校は、全国に設置されていて、幼稚部から小学部・中学部・高等部まであります。子どもたちは手話と音声の言葉の両方を使って、授業に参加しています。東京都立川市にある、立川ろう学校の授業のようすを見てみましょう。

　国語の授業では、「ごんぎつね」のお話の読解をしています。教室のかべには、お話の場面をイメージしやすいように、場面ごとのイラストをえがいた紙がはられています。

　子どもたちは教科書をつくえにおき、先生が手話と声でお話について説明するのを見ています。先生の質問に、子どもたちは手をあげ、手話に声をあわせてこたえます。

　言葉を耳で十分に聞くことはできなくても、口で声をだす練習をしながら文字や言葉を学んでいます。

どの席からでも先生がよく見えるように、つくえをU字型にならべて授業をおこなう。

自分の意見は、手話で表現しながら声もだして伝える。

教室には、授業の開始と終了を知らせるライトが設置されている。

耳の不自由な人と話すとき

耳の不自由な人がみんな、手話で話すわけではありません。会話のしかたはいろいろあります。耳の不自由な人と話すときは、どんなことに気をつける必要があるでしょうか。

声をかけるとき

耳の不自由な人は、体のうしろや横など、視界にはいらない場所から声をかけられても、気がつかないことがあります。声をかけるときは、相手の正面に移動して手をふりましょう。肩をたたいて気づいてもらう方法もあります。たたくときは、おどろかさないようにかるくたたきます。相手がこちらに気がついたら、話しはじめましょう。

補聴器をつけている人と話すとき

補聴器をつけていても、どれくらい聞こえるかは人によってことなります。いくらか聞こえやすくなる人もいれば、聞こえる音の量がふえるだけで、声で会話ができるほどには聞きとれない人もいます。

人混みや交通量の多い場所では、補聴器が雑音も大きくしてしまい、声がよく聞こえないことがあります。話すときは静かな場所を選びましょう。

大声で話しかけると、補聴器が声を大きくしすぎて、かえって聞きとりにくいことがあります。補聴器をつけている人に話すときは、通常の声の大きさでだいじょうぶです。

筆談で話すとき

　伝えたい内容を、メモ帳や筆談器（▶p.18）などに書いて見せます。やりとりに時間がかかりますが、正確に内容を伝えたいときは有効な手段です。ろう者の場合は、まわりくどい文章では理解しにくいことがあるので、なるべく短い言葉で伝えるようにします。書くものがないときは、手のひらや空中に指で文字を書いて伝えることもあります。

発話ができる人と話すとき

　中途失聴者は、声で話すことになれているので、耳が聞こえなくても声で話すこと（発話）ができます。そのような人と話すときは、こちらからは筆談などで伝えて、相手には声で話してもらいます。口の動きから発言を読みとる「読話」ができることもありますが、かんたんにできるわけではないので、なるべく相手に負担をかけないようにしましょう。

手話で話すとき

　手話をおぼえれば、手話を使う人と話すことができます。手話で言葉を伝えるときは、表情もあわせましょう。また、手話の形や動きのちょっとしたちがいで、べつの意味になってしまうことに気をつけましょう。手話を身につけるには、本やテレビなどで学ぶほか、地域の講習会やサークルなどで学ぶこともできます。相手のことをしっかりと見て、気持ちや言葉を表現しましょう。

耳の不自由な人がこまること

耳の不自由な人が日常生活のどのような場面でこまるのかを知り、自分たちにできることがないか、考えてみましょう。また、耳の不自由な人たちは、どのようなことを周囲にもとめているのでしょうか。

耳が不自由であることに気づいてもらえない

見ただけでは、耳の不自由な人であることがわかりにくいため、無視をしていると誤解されることがある。

音がしていても気づきにくい

自動車のクラクションや、救急車のサイレンが鳴っていても、気がつかないことがある。とくに体の横や、うしろでおきていることに気づきにくい。

複数人での会話がむずかしい

耳の聞こえる人の会話にくわわっているとき、話している内容がわからなくなって、とり残されてしまうことがある。

電話がかけられない

受話器からの声を聞けなかったり、声をだして伝えることができなかったりするため、電話がかけられない。緊急時に連絡ができず、こまることがある。

音声アナウンスの内容がわからない

車両故障のため当駅で運転を見あわせます

電車の緊急停止など、トラブルがおきたときのアナウンスが聞こえないため、状況がわからないことがある。病院や銀行での呼びだしも、音声だけではわからない。

補聴器をしていても聞こえにくいときがある

補聴器をしていてある程度聞こえる人でも、雑音が多いところでは聞きとりにくかったり、体調の影響で聞こえにくくなったりする。

耳の不自由な人の願い

　わたしたちは、日ごろ当たりまえのように、声で話したり、耳で話を聞いたりしています。しかし、耳の不自由な人にとって、それは当たりまえのことではありません。

　耳の不自由な人は、まわりで話されていることがわからなくて、言葉をやりとりすることができなかったり、会話からとり残されてしまったりします。そんなとき、悲しさやさみしさを感じることがあります。もっと聴覚障害のことを知ってほしい、声で伝えられないからといって遠ざけないでほしい、と願っています。

　また、地震などの災害時には、重要な情報が耳の不自由な人にとどかないおそれがあります。そのようなときにまわりの人の助けがないと、命にかかわることになりかねません。

　わたしたちが聴覚障害のことをよく知っていれば、耳の不自由な人がこまっているときに、力になることができるはずです。

聴覚障害に関するマーク

聴覚障害に関するさまざまなマークについて、見てみましょう。

耳マーク

耳が不自由であることを本人がしめすためのマーク。公共施設の窓口などで、耳の不自由な人に対応する用意があることをあらわすこともある。

画像提供：全日本難聴者・中途失聴者団体連合会

手話マーク

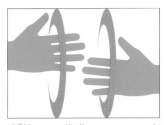

公共施設の窓口などで掲示がある場合、手話での対応が可能であることをあらわす。耳の聞こえない人が、手話での対応が可能かどうかをたずねるために使うこともある。

画像提供：全日本ろうあ連盟

筆談マーク

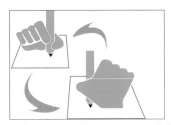

公共施設の窓口などで掲示がある場合、筆談での対応が可能であることをあらわす。耳の聞こえない人や聞こえにくい人が、筆談での対応を依頼するときにも使われる。

画像提供：全日本ろうあ連盟

耳の不自由な人をささえる仕事

「手話通訳者」や「要約筆記者」は、耳の不自由な人が必要な場面で必要な情報をえることを助けます。まわりの音を聞いて耳の不自由な人に知らせる「聴導犬」についても紹介します。

手話通訳者の仕事

手話通訳者は、耳の不自由な人とそうでない人のあいだにはいって、それぞれの言葉を手話や音声の言葉に訳して伝えます。

耳の不自由な人は、病院や銀行に行くときや、学校の保護者会に出席するときなどに、手話通訳をしてくれる人が必要になります。そうしたとき、住んでいる自治体や手話通訳者派遣センターに依頼して、手話通訳者を派遣してもらいます。耳の不自由な人とそうでない人が適切に言葉を伝えあえるように、手話の技能はさまざまな場所で必要とされています。

手話通訳者には、いくつかの認定試験があります。行政や裁判にもかかわる「手話通訳士」になるには、「手話通訳技能認定試験」に合格する必要があります。都道府県が派遣する手話通訳者は、「手話通訳者全国統一試験」などの試験に合格しています。

自治体が実施する「手話奉仕員養成講座」を修了して、ボランティアで手話通訳をおこなう人もいます。

音声で話す人

手話通訳者

手話

耳の不自由な人

手話

手話通訳者は、音声で話す人の言葉を手話に訳して、耳の不自由な人に伝える。耳の不自由な人の言葉を伝えるときは、手話を音声の言葉に訳して伝える。

協力：東京手話通訳等派遣センター

知っておきたい「情報保障」

目や耳に障害がある人たち、とくに聴覚障害のある人は、必要な情報がえられず、結果的にこまってしまうことがあります。障害によって情報がえにくい人たちに対して、必要な手助けをして、情報を提供することを「情報保障」といいます。

要約筆記者の仕事

　要約筆記とは、声で話されている内容を、その場で紙に書いたり、パソコンに入力したりして、耳の不自由な人に見せて伝えることをいいます。「要約」とあるように、話されている言葉をすべて書いて見せるのではなく、内容を短くまとめて書きます。要約筆記をおこなう人を「要約筆記者」、または「ノートテイカー（英語で「ノートをとる人」という意味)」といいます。

　要約筆記が必要になる場面は手話通訳の場合と同様ですが、要約筆記は中途失聴者など、おもなコミュニケーション方法に手話を使っていない人が利用します。要約筆記をたのみたいときは、自治体や要約筆記者派遣事業所に依頼します。

　要約筆記者として活動するには、自治体が実施する「要約筆記者養成講座」を受講し、「全国統一要約筆記者認定試験」に合格する必要があります。

音声で話す人　　要約筆記者　　耳の不自由な人

協力：東京手話通訳等派遣センター

要約筆記者は、音声で話す人の話を聞きとり、紙に文字で書くなどして耳の不自由な人に伝える。耳の不自由な人は書かれたものを読み、声で話すなどして言葉を伝える。

耳の不自由な人をささえる 聴導犬

　聴導犬は、耳の不自由な人の「耳」となって、生活をささえるように訓練された犬です。盲導犬（▶p.35）、介助犬とおなじ、身体障害者補助犬です。飼い主（聴導犬ユーザー）が聞くことのできない音を代わりに聞いて、前足で飼い主にふれて知らせたり、音のする場所へ案内したりします。

　聴導犬は、さまざまな音を聞きわけることができます。玄関のチャイム、電話の着信音、自動車のクラクションの音、警報やアラーム、やかんのお湯のわく音など、生活の中にあるたくさんの音から、耳の不自由な人に必要な音を知らせてくれます。

　聴導犬は、聴導犬を必要とする人に、聴導犬の育成団体によって貸しだされています。

協力：公益財団法人日本補助犬協会

目覚まし時計のアラームが鳴ったことを知らせる聴導犬。聴導犬であることをしめすケープを身につけている。

くらしに役立つ機器・サービス

耳の不自由な人が安心してくらせるように考えられた、便利な機器やサービスを紹介します。

補聴器

まわりの音を大きくするなどして、聴力をおぎなう機器。耳にかける耳かけ型、耳の穴にいれる耳あな型、小型ラジオほどの大きさのポケット型などがある。使用するときは、一人ひとりの聴力にあわせた調整が必要。

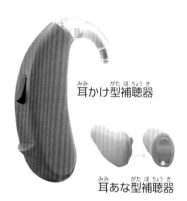

耳かけ型補聴器

耳あな型補聴器

写真提供：リオネット補聴器

卓上型対話支援スピーカー

マイク

スピーカー

写真提供：ユニバーサル・サウンドデザイン

音声の聞きとりにくさをおぎなうスピーカー。高性能マイクを使って相手の声をとりこみ、聞きやすい音に調整してから、スピーカーをとおして耳の不自由な人に音声を伝える。

簡易筆談器

磁気を使った筆談用のボード。書いたり消したりが何度でもできる。耳の不自由な人や、声で話すことがむずかしい人とのコミュニケーションに役立つ。

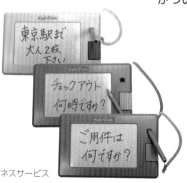

写真提供：アウトソーシングビジネスサービス

人工内耳

まわりの音を電気信号に変えて耳の奥にある聴神経に直接伝え、音が聞こえるようにする装置。耳にかけた体外装置で音をとりこみ、送信コイルをとおして、耳の奥にうめこんだ受信装置へ送る。

協力：立川ろう学校

聴覚障害者用情報受信装置

耳の不自由な人のためのテレビ番組「目で聴くテレビ」を見るための受信装置。この装置をテレビにつないでインターネットに接続すると、手話や字幕による耳の不自由な人のためのオリジナル番組や、一般のテレビ番組の一部に手話や字幕がついたものが視聴できる。

聴覚障害者用情報受信装置

写真提供：障害者放送通信機構

屋内信号装置

音センサー
ドアセンサー
中継機
携帯受信機

写真提供：リオネット補聴器

玄関のチャイムの音や電話の着信音、赤ちゃんの泣き声などといった音にセンサーが反応して、携帯受信機に光や振動で伝える装置。

携帯受信機は、耳の不自由な人が携帯する。

写真提供：リオネット補聴器

Net119緊急通報システム

音声による通話が困難な人が、パソコンやスマートフォンを使って通報用ウェブサイトへアクセスして、119番通報ができるシステム。利用するには自治体への申請が必要。

Net119緊急通報システムの手順（イメージ）

1. 「火事」か「救急」を選択　2. 場所を指定　3. 通報

消防庁ホームページより引用

※自治体によっては導入していないこともあります。

電話リレーサービス

耳の不自由な人と耳が聞こえる人の通話を、通訳オペレーターがあいだにはいってつなぐサービス。通訳オペレーターが手話や文字と音声の言葉を同時通訳して、言葉をやりとりするのを助ける。

通訳オペレーター

かけ先につながりました
要件をお話しください

耳の不自由な人

美容院の予約をお願いします

テレビ通話

手話
パソコン
または文字入力

11月15日
14時に予約したいのですが

だいじょうぶですよ

聞こえる人

110番アプリシステム

スマートフォンなどの専用のアプリケーションを使って、文字や画像で警察に110番通報ができるシステム。利用するには、氏名、電話番号、パスワードなどの登録が必要。

みえる電話

音声の言葉を文字に変換して、相手のスマートフォンの画面に表示するサービス。文字を入力して返信すると、相手に音声で伝えることもできる。

15時にうかがいます

聞こえる人

よろしくお願いします

OK!

文字化

みえる電話

音声化

15時にうかがいます

耳の不自由な人

文字入力

よろしくお願いします

※みえる電話の利用には、NTTドコモへの加入が必要です。

耳の不自由な人のスポーツの祭典 デフリンピック

デフリンピックは、耳の不自由な人たちによる国際的なスポーツ大会です。オリンピックと同様、夏の大会と冬の大会が交互に、それぞれ4年ごとに開催されています。

「デフ」とは、英語で「耳が聞こえない」という意味です。デフリンピックは、耳の不自由な人以外の身体に障害のある人や、知的障害のある人が出場するパラリンピックよりも古く、1924年から開催されています。

耳の不自由な人は、競技の際に音や声が聞こえない点で不利になりますが、身体能力で不利な点は多くありません。そのため、デフリンピックは、オリンピックやパラリンピックとはべつに開催されています。出場資格は、補聴器や人工内耳をつけない状態で、聴力が基準の数値を下まわる人にあたえられます。

陸上、サッカー、バレーボール、水泳など、さまざまな競技種目があり、競技中の合図には目で見てわかるサインが使われます。陸上や水泳では、スタートをフラッシュランプで知らせ、サッカーでは、審判は笛をふくとともに旗をあげて、反則などがおきたことなどを知らせます。

2017年のトルコ・サムスン大会で、女子バレーボール日本代表が金メダルを獲得。

写真提供：全日本ろうあ連盟

男子陸上200mでは、山田真樹選手が金メダルを獲得した。

合図にはフラッシュランプや旗が使われる。

障害者手帳って、なに？

目や耳、手足などの身体や、知的機能、精神に障害があるとみとめられる人に交付される手帳です。障害者手帳は、その人の自立を支援する目的で発行されます。医師の診断書や児童相談所などの判定とともに自治体に申請して、認定されると、医療費の補助や公共料金の減免など、さまざまなサービスがうけられます。障害者手帳には身体障害者手帳、療育手帳、精神障害者保健福祉手帳の3種類があります。

東京都の身体障害者手帳（見本）。手帳のデザインは各自治体によってことなる。

写真提供：東京都心身障害者福祉センター

第2章

目の障害を知ろう

目の不自由な人

わたしたちは、生活するうえで必要なさまざまな情報を、目で見ることでえています。目に障害があり、不自由があると生活はどのようになるでしょうか。

視覚障害のある人

めがねやコンタクトレンズを使っても、ものが見えなかったり、見えにくかったりすることを「視覚障害」といいます。視覚障害は、ほとんど視力がない「全盲（盲ともいう）」と、視力が低くて見えにくかったり、見える範囲がせまかったりする「ロービジョン※（弱視ともいう）」にわけられます。

※ロービジョン……英語で「low（低い）vision（視力）」となり、視力が弱いという意味。

目の不自由な人が指で点字を読むようす。

視覚障害のある人の見えかたは、人によってちがいます。何も見えず、光も感じない人もいれば、目の前で手をふったことがわかる人や、ぼんやりと形が見える人もいます。せまい範囲しか見えない人、色が区別できない人、ものがゆがんで見える人もいます。

視覚障害のある人の見えかた

全盲の人の見えかたの例

全盲でも、視界にわずかな光や影を感じる人もいる（左）。すべてが白や灰色、真っ黒に感じる人もいる（右）。

ロービジョンの人の見えかたの例

周辺部が見えない（左）、視界全体がぼやけて見える（右）など、さまざまな見えかたがある。

わたしたちは、目や耳などを使って、さまざまな情報をえながら生活しています。目の不自由な人は、目からの情報が十分にえられないため、生活するうえで不便さを感じたり、困難につきあたったりすることがあります。しかし、耳で聞いたり、手でさわったりすることで情報をえて、目の不自由さをおぎない、自立してくらしています。仕事をしたり、家のことをしたり、社会の一員として生活している人が大ぜいいます。

なぜ、目が不自由なの？

視覚障害のある人には、生まれたときから目が不自由な人と、事故や病気などによって、生まれたあとに目が不自由になった人がいます。

生まれつきの場合は、遺伝などが考えられますが、はっきりした原因がわからないこともあります。

生まれたあとに目が不自由になった人には、けがなどで目を傷めた人、緑内障※や白内障※などの病気や、年をとること（老化）によって、目の機能が低下した人などがいます。

厚生労働省の調査（2016年）によると、視覚障害のある人は全国で約31万人とされています。2019年現在、日本の全人口は約1億2600万人です。およそ400人に1人の割合で、視覚障害のある人がいることになります。

目の不自由な人と、目の見える人がおなじ社会の一員としてわかりあって生きていくためには、おたがいの生活がどういうものかをよく知ることが大切です。目の不自由な人たちの生活を知り、自分たちにできることがないか考えてみましょう。

※緑内障……眼球内部の圧力が高くなる病気。視野がせまくなったり、視力が低下したりする。
※白内障……目の中の水晶体という組織がにごる病気。ものが見えにくくなる。

目の不自由な人の生活

目の不自由な人たちは、安全でゆたかな生活をおくるために、どのようなくふうをしているのでしょうか。家の外や中での行動について、見てみましょう。

白杖と点字ブロック

屋外を歩いて移動することは、目の不自由な人の生活のなかでも、とくに困難なことです。いったん家の外にでれば、車が行きかう車道があり、歩道と車道のあいだには段差があり、歩行者や自転車の往来があります。そんな場所を目の不自由な人が歩くことは、かんたんではありません。

視覚障害のある人が外を歩くときは、「白杖」を使用するか、「盲導犬（▶P.35）」をつれていくことが必要になります。

白杖は、目の不自由な人の歩行を助けるための杖です。杖の先端で地面をなぞったり、かるくたたいたりして聞こえる音や伝わる振動で、まわりに障害物がないか、平らな路面がつづいているかをたしかめます。

歩道などに設置されている点字ブロックも、目の不自由な人の歩行を助けます。点字ブロックは表面に点や線の突起があり、歩道の上につなげてしかれています。目の不自由な人は、点字ブロックの突起に白杖の先でふれたり、突起を足でふんだりして、道がのびている方向や交差点の場所を知ることができます。

白杖と点字ブロック。白杖は、目が不自由であることを周囲に知らせる意味ももつ。全盲の人だけでなく、ロービジョンの人も使う。

点字ブロックの種類

誘導ブロック

線状の点字ブロックは誘導ブロックといい、線の方向にすすめることを意味する。

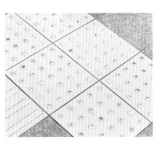

警告ブロック

点状の点字ブロックは警告ブロックといい、誘導ブロックが交差する場所や横断歩道の前など、注意が必要な場所にある。

さまざまなくらしの特色

目の不自由な人は、自分たちにあった機器や道具を使ったり、ものの場所をしっかり記憶したりするなど、さまざまなくふうをしながら生活しています。

時刻を知る

ガラスの部分がひらく腕時計を使用して、針をさわって時間をたしかめたり、音声式の腕時計を使ったりする。置き時計には、音声式のものがよく使われる。

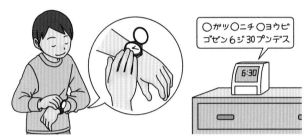

テレビを楽しむ

テレビ番組などは、音声で楽しむ。内容を音声で説明する解説放送に対応した番組であれば、場面をより具体的に想像することができる。

読書を楽しむ

点字で書かれた点字図書を読んだり、本の内容を音声録音した録音図書（▶p.34）を聞いたりする。ロービジョンの人は、拡大鏡や拡大読書器（▶p.37）など、文字を拡大する道具を使って読んだりしている。

ラジオを聞く

目の不自由な人にとって、ラジオは音声で情報をえるための重要な機器。目の不自由な人のための情報番組も放送されている。

料理をする

火を使わない電磁調理器や電子レンジで、音声ガイドや押しボタンつきのものが利用できる。タッチパネル式のものは、利用しにくいことがある。

電話を使う

スマートフォンには音声認識機能や読みあげ機能があるので、目が不自由でも電話をかけたり、メールを送ったり、さまざまなことができる。

もののおき場所を決める

ものをさがすのがむずかしいので、使ったものがどこへいったかわからなくならないように、決まった場所におくようにしている。

点字はさわって読む文字

点字は、目が見えない人のために生まれた文字です。一般的に使われている文字と、どのようなところがちがうのでしょうか。点字のしくみや歴史についても紹介します。

指で読む文字「点字」

　点字は、6つの点の組みあわせで、かな文字や、数字、記号、アルファベットなどをあらわします。6つの点のうち、どの点がもりあがっているかで、あらわす文字がきまります。指先でさわって読む文字なので、目が見えなくても読むことができます。

　点字の点の1つひとつはとても小さく、直径は約1.4mm、厚みは約0.4mmです。指先に感じる点の配置から文字を読みとり、文章などを読んでいきます。

※巻末に点字の一覧表があります。

点字で書かれた点字図書。点字図書館などで貸しだされる。

指先で点字にさわって読む。

点字で、「て」と読む。

点字を読むときは、左から右へと読む。両方の手を使うと、よりはやく読める。

点字の特徴

　点字は、わたしたちが日ごろ使っている文字（墨字※）とは表記のルールがことなります。まず、点字にはたて書きはなく、かならず横書きで書かれます。ひらがなとカタカナの区別はなく、漢字は通常、使いません。墨字では文字の大きさは自由ですが、点字は一定の大きさで書かれます。

※墨字……点字に対して、筆記用具で書かれた文字や印刷された文字を「墨字」とよぶ。

文庫本 1冊

点字図書 3冊

1冊の文庫本を点字であらわすと、数冊分の点字図書になる。

◆点字については、シリーズ別巻『点字 さわる文字』でくわしく解説しています。

点字の歴史

点字が誕生する以前は、目の見えない人は、ろうの板に文字をほったものや、文字を紙にもりあがらせた「浮き出し文字」などをさわって、文字を読んでいました。しかし、これらの方法では読むのに時間がかかり、しかも目の見えない人が自分で書いたりできるようなものではありませんでした。

点字は、幼いころに目が見えなくなったフランス人のルイ・ブライユによって発明されました。ある日、ブライユのかよう盲学校に軍人がおとずれて、目の見えない人の文字に使えないかと、暗号用に発明された文字を紹介します。それは、もりあがった12個の点の組みあわせであらわす文字でした。これをもとに、ブライユは1825年、16歳のときに、6つの点の組みあわせであらわす文字「点字」を完成させます。点字は人さし指の腹におさまる大きさですばやく読むことができ、目の見えない人が自分で書くこともできました。

現在、点字は世界中で使われています。日本語を点字であらわす方法は、1890（明治23）年に完成しました。

盲学校にかよう子どもたち 〈国立大学法人筑波大学附属視覚特別支援学校〉

目の不自由な子どもたちがかよう盲学校や特別支援学校※は全国にあり、幼稚部・小学部・中学部・高等部があります。

写真は、東京都文京区にある筑波大学附属視覚特別支援学校の国語の授業のようすです。目が見えない子は点字の教科書、ロービジョンの子は拡大教科書を使って、授業をうけています。

拡大教科書を使う子は、目を近づけて見やすいように、つくえに立てた書見台に教科書をおいて読んでいます。点字を使う子は、点字の教科書を指で読み、授業で話されたことを点字でノートにまとめています。

小学部の授業のよう。外の光をまぶしく感じる子もいるため、カーテンをしめている。

文字を大きくした拡大教科書。

授業で聞いた内容を、点字で紙にまとめている。

点字の教科書を指でさわって読んでいる。

※特別支援学校……身体や心に障害がある子どもがかよう学校。

点字をさがしてみよう

点字は、食料品の容器や家電製品、まちの中のさまざまな場所でも見ることができます。身のまわりにある点字をさがしてみましょう。

まちの中で見られる点字

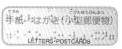
手紙・はがき（小型郵便物）
LETTERS・POSTCARDS

郵便ポスト
投函口のまわりに、点字で郵便物の種類などがしめされている。

運賃表
駅名と運賃が点字でしめされている。

自動販売機

硬貨や紙幣の投入口、おつりの返却レバーなどに、点字がしるされている。

エレベーター
各階のボタンや開閉ボタンのそばに、点字がある。

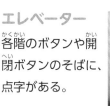

階段の手すり
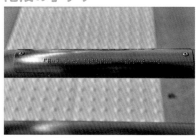
駅などの階段の手すりには、点字で行き先の案内がしめされていることがある。

トイレ
公共施設のトイレなどに、点字や触図（さわってわかるようにもりあがっている絵や図のこと）による案内板が設置されていることがある。

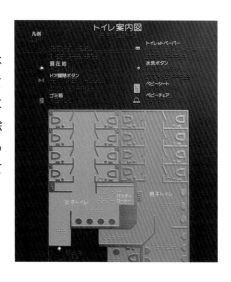

駅のホームドア
駅のホームドアには、車両番号やドア番号が点字でしめされている。

2号車 3番ドア

家の中で見られる点字

ジャムのびん

びんの側面に「ジャム」としるされている。

写真提供：アヲハタ

ソースの容器

ふたの上部に「ソース」としるされている。あける方向がもりあがった矢印でしめされている。

写真提供：ブルドックソース

接着剤の容器

表面に「ボンド」、裏面に「モッコウヨウ（木工用）」としるされている。

※点字では、実際は「ウ」は「ー」と書かれています。

写真提供：コニシ

炊飯器

炊飯ボタンのそばに「タク」、切ボタンのそばに「キリ」としるされている。

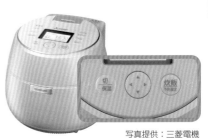

写真提供：三菱電機

さわってわかるいろいろなサイン

点字ではありませんが、目の不自由な人がさわってわかるようにしるしをつけたり、形にくふうがあったりするものもあります。例をいくつか見てみましょう。

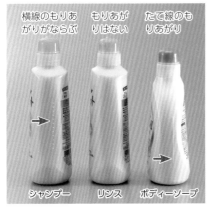

横線のもりあがりがならぶ　もりあがりはない　たて線のもりあがり

シャンプー　リンス　ボディーソープ

写真提供：花王

シャンプーなどのボトル

シャンプーは側面にもりあがった横線（ギザギザ）がならび、リンスには何もなく、ボディーソープにはたて線（一直線）がもりあがっていて、さわれば何かがわかるようになっている。

切欠き

協力：雪印メグミルク

牛乳パック

ほかの紙パック飲料と区別するため、牛乳パックの上部には「切欠き」とよばれるへこみのあるものが多い。切欠きはあけくちの反対側にある。

電話機

数字ボタンの「5」にもりあがった点があり、数字の位置がわかるようになっている。テレビのリモコンなどにも、「5」に点があるものが多い。

硬貨

硬貨は、大きさや穴、ふちのギザギザなどによって、何円玉かがわかるようになっている。たとえば、もっとも小さくてかるい硬貨が一円玉、もっとも大きいものが五百円玉、穴のあいた五十円玉と五円玉は、ふちがギザギザしているほうが五十円玉など、さわって判別できる。

紙幣

紙幣は、たての長さはおなじだが、横の長さが少しずつことなっている。長い順に一万円札、五千円札、千円札となる。また、下の両はしにさわるとザラザラするマーク（右の円）があり、マークの形のちがいなどで、どの紙幣かがわかるようになっている。

目の不自由な人と出会ったら

まちの中で目の不自由な人がこまっていたら、何かお手伝いできることがないか、声をかけてみましょう。声をかけるときに気をつけることや、安全に誘導する方法を紹介します。

手助けの第一歩は声かけから

目の不自由な人は、まわりのようすを見ることができないので、何かこまったことがあっても、近くの人に助けをもとめることがかんたんにはできません。

もし、白杖をもった人がこまっているのを見かけたら、「何かお手伝いしましょうか」と、声をかけてみてください。そして、相手の話を聞き、自分で手伝えるか、おとなの手助けが必要かを判断しましょう。

目の不自由な人を案内する

目の不自由な人から目的地への案内をたのまれたら、いっしょに歩いて誘導しましょう。通常は、ひじや肩をもってもらい、自分が少し前になって、2人で歩きます。

歩くときは、2人ぶんの幅をしっかり意識するようにします。歩幅や歩く速さは、相手の自然な歩きかたにあわせるようにしましょう。

声をかける

そばへ行き、声をかける。前のほうから声をかけると聞こえやすい。「何かおこまりですか？」「お手伝いできることはありますか？」などと伝える。

話を聞く

手伝ってほしいことを聞く。誘導をたのまれたときは、どこまで、どのように誘導したらよいか確認する。

目の不自由な人の誘導。駅のホームや階段など、目の不自由な人にとって危険がともなう場所でも、誘導する人の手助けがあれば、安全に移動できる。

写真提供：公益財団法人日本ケアフィット共育機構

安全な誘導の方法

誘導の基本

相手との身長差があまりないときは、ひじのあたりをはさむようにもってもらう。歩くときは相手より半歩前をすすみ、相手の歩く速さにあわせる。必要に応じてまわりのようすを説明しながら歩くと、目の不自由な人は安心できる。

相手の身長が自分よりかなり高いときは、肩に手をのせてもらう。

段差をこえるとき

段差の手前で立ちどまり、「下り（または上り）の段差があります」と声をかけ、相手が段差をたしかめるのをまつ。小さな段差であっても、かならず伝える。一段おりたらその場で立ちどまり、相手がおりるのをまつ。

せまい道を歩くとき

「ここからせまくなります」と声をかける。手をうしろへまわし、目の不自由な人がうしろになるようにして一列で歩く。

階段を上り下りするとき

階段の手前で、かならず「上り（または下り）階段です」と声をかける。途中でとまったり、ふりかえったりせず、一定のスピードで歩く。上り（または下り）おえたら、その場で立ちどまり、相手が上り（または下り）おえたら、「おわりです」と伝える。

やってはいけないこと

×手や服をひっぱる

×背中をおす

目が不自由な人は、手や服をひっぱられたり、背中をおされたりすると、とても不安になります。危険なのでやめましょう。また、白杖をつかむといった行為もしないでください。

わたしたちにできること

目の不自由な人には、生活のさまざまな場面で、まわりの人のサポートがあると助かることがあります。まちの中で、白杖をもっている人や、盲導犬をつれている人がこまっていたら、手伝えることがないか声をかけてみましょう。

横断歩道で

信号機から音声アナウンスが流れても、騒音が多いときは聞きとりにくいことがあります。信号がかわったことに気づいていないようであれば、「青になりましたよ」「わたれますよ」などと、声をかけましょう。

バス停で

バスをまつ人の列にならんでいるとき、バスがきて列が動きはじめても気づかないことがあります。そのようなときは、「バスに乗れますよ」などと伝え、乗車を手伝いましょう。目的地とバスの行き先を確認して、乗車を案内するようにします。

駅のホームで

駅のホームは、人や障害物が多くて歩きにくい場所です。ホームドアが設置されていないことも多いので、あやまって線路へ転落する危険もあり、目の不自由な人にとって非常にこわいところです。万が一の事故がおこらないよう、注意深く見守ってください。サポートが必要そうなら、声をかけて誘導するようにしましょう。

食事のとき

テーブルの上などにおいたものの位置は、時計の文字盤にたとえて伝えるとわかりやすくなります。「3時の方向にコップがあります」など、位置を文字盤に見たてて伝えましょう。

いすにすわるとき

背もたれのあるいすの場合は、ひと声かけて手をとり、背もたれをもってもらいます。背もたれがない場合は座面にさわってもらい、すわる方向がどちらかを伝えます。

こんな行為は危険！

目の不自由な人は、目の見える人よりも少ない情報をたよりにまちの中を歩いています。車や人通りの多い場所を歩くときには、つねに緊張がともないます。目の不自由な人の通行をさまたげたり、けがをさせたりするおそれがあるので、つぎのような迷惑行為は絶対にしないようにしましょう。

自転車の接近走行

目の不自由な人は、むかってくる人や自転車を自分でさけることができません。すぐそばを歩いたり、目の前を自転車で横切ったりするのは危険です。

歩きスマホ

目の不自由な人は、歩きながらスマートフォンを操作する人をよけることができません。衝突するおそれがあるので、歩きスマホは絶対にやめましょう。

点字ブロック上の障害物

点字ブロックの上に自転車を放置したり、看板などをおいたりすることは、目の不自由な人にとってとても迷惑で、通行のさまたげになります。点字ブロックの上に立ったまま、話しこんだりすることのないようにしましょう。

目の不自由な人の願い

　目の不自由な人たちは、社会の一員として生きがいをもち、人とのかかわりあいをもって生きていきたいと願っています。

　目が不自由であることは、不便なことではありますが、不幸なことではありません。社会のしくみをととのえることによって、目の不自由な人にもくらしやすい世の中をつくることができます。

　白杖をもつ人や盲導犬をつれた人がまちの中を歩くすがたは、日常的に目にするもので

す。また、視力に困難が生じることは、年をとればだれもが経験することでもあります。

　目の不自由な人にくらしやすい社会をつくることは、だれにとってもくらしやすい社会をつくることにつながります。一人ひとりが理解し、心にとめておくことが大切です。

目の不自由な人をささえる仕事

目の不自由な人の生活をささえる仕事やボランティア活動には、どんなものがあるのでしょうか。医療の分野や支援団体で活動する人、目の不自由な人のパートナーとなる盲導犬について紹介します。

視能訓練士の仕事

視能訓練士は、視力に関する検査や訓練をおこなう職業です。国家資格を必要とし、おもに病院や自立訓練施設に勤務して、視力の問題をかかえる人たちをささえています。一般的な視力検査や病気の検診のほか、目の機能が低下した人に対して、適切な道具を選ぶ、視力を高める訓練をおこなうなど、医療の分野で目の不自由な人たちにかかわっています。

視能訓練士（左）による検査のようす。

拡大読書器の使いかた指導をおこなう視能訓練士（奥）。

写真提供：日本視能訓練士協会

点訳・朗読のボランティア

本や雑誌などの内容を点字にすることを「点訳」といいます。点訳はほとんどの場合、無償で作業をおこなうボランティアの人びとによってささえられています。点訳された本などは点字図書とよばれ、全国の点字図書館などで貸しだされています。

目の不自由な人が耳で聞けるように、本などの内容を朗読して録音することもおこなわれています。録音したものは録音図書とよばれ、CDやデータ形式で貸しだされています。ボランティアの人が直接、目の不自由な人の目の前で朗読をおこなうこともあります。

点訳作業。本の文字をパソコンで入力して点字にする。

協力：日本点字図書館

録音作業。スタジオで、マイクにむかって本を朗読し、録音する。

協力：日本点字図書館

盲導犬

　盲導犬は、目の不自由な人の生活をささえる補助犬（身体障害者補助犬）です。特別な訓練をうけていて、目の不自由な人（盲導犬ユーザー）といっしょに歩き、障害物や段差があることなどを知らせます。仕事中はハーネスを着用しています。

　盲導犬の貸しだしを希望する場合には、都道府県の窓口や盲導犬の育成団体などに申し込みます。パートナーとなる盲導犬を選び、共同訓練などをへて、貸しだされるまでに半年から1年ほどかかります。盲導犬の貸しだしは無料です。2019年10月現在、全国で約900頭の盲導犬が活躍しています。

ハーネス

仕事中の盲導犬にしてはいけないこと

● 頭をなでたり、体をさわったりしない

● 食べ物や飲み物をあたえない

● じっと見つめたり、声をかけたりしない

● 大きな音をたてて気をひいたりしない

● 行く手をさえぎらない

協力：公益財団法人日本補助犬協会

点字図書館って、どんなところ？

　点字図書館は、目の不自由な人の読書活動をささえている福祉施設です。全国各地に設置され、点字図書や録音図書の貸しだしのほか、図書の製作、点訳・朗読ボランティアの養成、目が見えなくなった人への点字指導などをおこなっています。

　東京都新宿区にある日本点字図書館は、日本を代表する点字図書館です。1940（昭和15）年、自身も目が見えなかった本間一夫によって創設されました。読書好きの本間が、点字図書の不足を解消するためにはじめたことでした。

　日本点字図書館は、目の不自由な人たちに必要な情報を届けるための中心施設として、多くの人に利用されています。おもに目の不自由な人を対象として運営されていますが、そのほかの人でも事前に予約をすれば、図書製作室や点字書庫など、施設内を見学することができます。

日本点字図書館の外観。

点字図書を保管する書庫。

目の不自由な人のための用具も販売されている。

くらしに役立つ機器・道具

目の不自由な人が安心してくらせるように考えられた便利な機器やサービスについて、紹介します。

点字ディスプレイ

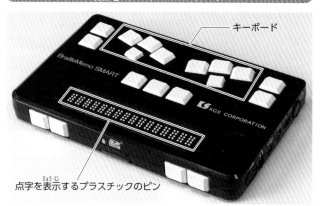

キーボード

点字を表示するプラスチックのピン

点字の文書データを作成したり、録音図書を再生したりできる機器。キーボードの部分をおして点字の入力をおこない、点字を読むときは、プラスチックのピンが上下して点字を表示する。写真の機器は16マスの点字が表示できる、小型でもちはこびがしやすいタイプ。

点字ラベラー

点字ラベルを作成する機器。ラベルはシールになっていて、さまざまな場所にはって使用できる。パソコンや点字ディスプレイにラベラーをつなぎ、点字データを送信してラベルを作成する。

写真提供：ケージーエス株式会社

メモリーカードレコーダー

SDカードに音声を録音したり、録音した音声を再生したりできるレコーダー。音声でメモをとりたいときなどに便利。

録音図書再生機

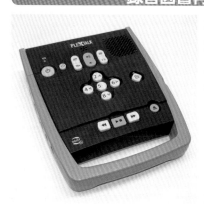

本や雑誌などの朗読を録音したCDや、音声データを聞くための再生機器。録音図書の多くは「デイジー」というデータ形式でつくられていて、「デイジー図書」ともよばれる。再生機で操作して、指定したページや章から読むことができる。

貸出用のケースにはいったデイジー図書のCD。

音声色彩判別装置

音声で色を伝えてくれる機器。色を識別したいものにセンサー部分をあてると、「こいピンク」などと音声でしらせる。150種類以上の色を判別できる。

センサー部分

触読式腕時計

ふたをひらき、針や文字盤を指でさわって時刻を確認できる。写真は紳士用の腕時計。

安全つめ切り

つめを切るとき、切りすぎて深爪にならないように、刃の部分がくふうされている。

音声つき電子体温計

電源をいれたときや、わきの下にはさんだとき、検温の結果がでたときなどに音声で知らせる。

点字表示つきトランプ

トランプの数字が書かれている面に、点字が表示されている。

おいて使える計量スプーン

スプーンの底が平らなので、おいたまままで調味料などを計量することができる。

音声電磁調理器

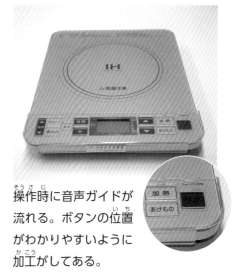

操作時に音声ガイドが流れる。ボタンの位置がわかりやすいように加工がしてある。

単眼鏡

遠くの文字や近くの文字を拡大して見る道具。黒板などを見るのにも便利。さまざまな倍率のものがある。

遮光めがね

光がまぶしい人がまぶしさを軽減するために使う。レンズの色はさまざまで、めがねの上からかけることもできる。

拡大読書器

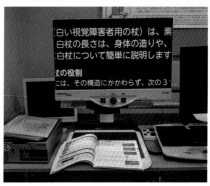

台の上においた本などをカメラでうつし、モニターに拡大して表示する。文字と背景の色を見やすい色にかえられる。

目が見えず、耳も聞こえない人

目が見えず、耳も聞こえない人のことを「盲ろう者」といいます。目が見えず耳も聞こえなかったら、まわりの世界をどのようにとらえ、どのように言葉を伝えあえばよいのでしょうか。

19世紀にアメリカで生まれたヘレン・ケラーは、1歳半のときにかかった病気がもとで、視力をうしない、耳も聞こえなくなりました。言葉をおぼえる前に見ることも聞くこともできなくなったヘレンは、言葉というものを理解しないまま、7歳になりました。

その後、ヘレンの家に家庭教師としてやってきたサリバン先生は、言葉のつうじないヘレンに、なんとか言葉を教えようとします。手でふれるものすべてに名前があること、世の中に言葉というものがあることを、サリバン先生は自身のつくる指文字をヘレンにさわらせることで、くり返し教えました。サリバン先生の努力のすえに、ついにヘレンは「言葉」を理解します。言葉をおぼえ、指文字を使って、気持ちや物事を言葉で伝えることができるようになりました。

目が見えず、耳も聞こえなくても、言葉を理解していれば、なんらかの方法で言葉を伝えあうことができます。指文字をさわる方法や、手話をさわる方法（触読手話）のほか、両手の人さし指から薬指までの6本の指を点字の6つの点に見たてて、指をたたくことで文字を伝える、指点字という方法もあります。点字をおぼえて使うこともできるし、聴力や視力をうしなう前に文字を使っていた人であれば、手のひらに文字を書いて伝えることもできます。

◀指点字　相手の指を点字の6つの点に見たてて、両手の人さし指から薬指までの6本の指をたたいて点字の形を伝える方法。

写真提供：東京盲ろう者友の会

▶触読手話（触手話）　相手の手話に手で直接ふれて、言葉を読みとる方法。

写真提供：東京盲ろう者友の会

7歳ごろのヘレン・ケラー（左）とアン・サリバン（右）。ヘレンは、サリバン先生のしめす指文字をさわって確認している。

写真提供：東京ヘレン・ケラー協会

目も見えず、耳も聞こえなくても、文字や言葉さえわかれば、手にふれたりすることで、言葉を伝えあうことができます。そうして、世界のゆたかさをともにわかちあうことができます。

さくいん

監修 公益社団法人東京聴覚障害者総合支援機構 **東京都聴覚障害者連盟**

東京都に在住する聴覚障害者の生活・文化・教育の水準の向上を図るとともに、聴覚障害者に対する理解を広め、一般社会への参加を促進し、福祉の増進に寄与することを目的として昭和26年に設立。事業内容は聴覚障害者の生活問題に関する相談及び指導事業、聴覚障害者の福祉に関する研究調査事業など多岐にわたる。

社会福祉法人 日本点字図書館

日本最大の点字図書館。点字図書や録音図書の製作および貸し出しをはじめ、視覚障害者をサポートするさまざまな情報提供をおこなう。視覚障害者用具・点字図書の販売などもおこなっている。

編　集	ワン・ステップ
デザイン	チャダル
イラスト	タカイチ
	ヤマネ アヤ
取材協力	東京都聴覚障害者連盟
	東京都立立川ろう学校
	東京手話通訳等派遣センター
	国立大学法人筑波大学附属視覚特別支援学校
	日本点字図書館

楽しくおぼえよう！ はじめての手話と点字

耳と目の障害を知ろう

2020年3月 初版発行　 2022年2月 第2刷発行

監　修　東京都聴覚障害者連盟、日本点字図書館
発行所　株式会社 金の星社
　　　　〒111-0056 東京都台東区小島1-4-3
　　　　電話　03-3861-1861（代表）
　　　　FAX　03-3861-1507
　　　　振替　00100-0-64678
　　　　ホームページ　http://www.kinnohoshi.co.jp

印刷・製本　図書印刷株式会社

NDC369 40p. 28.7cm ISBN978-4-323-05373-8

楽しくおぼえよう！
はじめての手話と点字

全3巻

「手話」や「点字」の基本がわかる、小・中学生のための入門シリーズです。わかりやすく、楽しく、手話や点字の使いかたがおぼえられます。耳や目の不自由な人たちのことについても、くわしく伝えます。

NDC369　A4変型判

図書館用堅牢製本

手話　目で見る言葉

監修：東京都聴覚障害者連盟　40ページ

「手話」は、耳が聞こえなくても使える言葉です。基本のあいさつから自己紹介、天気の話や学校の話、好きなものの話など、小・中学生が日常会話で使いやすい手話を掲載しています。豊富な写真解説で、手話の表現方法がしっかりわかります。

点字　さわる文字

監修：日本点字図書館　32ページ

さわっておぼえる点字シートつき

「点字」は、目が見えなくても使える文字です。かな文字や数字、アルファベット、記号などのあらわしかたをはじめ、読むときや書くときのきまりがくわしくわかります。「点字クイズ」もまじえて、点字の読みかたが楽しくおぼえられます。

耳と目の障害を知ろう

監修：東京都聴覚障害者連盟、日本点字図書館　40ページ

耳や目に障害があるということについて、わかりやすく解説しています。耳の不自由な人や目の不自由な人のくらしかた、まわりの人の手助けが必要な場面や、お手伝いするときの方法についても、具体的に伝えます。

手話であいさつしてみよう

手話のあいさつをいくつか紹介します。手話をするときは、手や指の動きだけでなく、表情でも気持ちを伝えましょう。「おはよう」などといった口の動きもあわせると、より伝わりやすくなります。

おはよう （朝+あいさつ）

朝	あいさつ

枕のイメージ
起きるしぐさ

こんにちは （昼+あいさつ）

さようなら

昼	あいさつ

  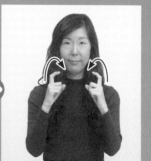 

12時をさす時計の針

こんばんは （夜+あいさつ）

夜	あいさつ

★シリーズ別巻『手話　目で見る言葉』では、ほかにもたくさんの手話を紹介しています。